¡Animales bebés en la naturaleza!

Crías de elefante en la naturaleza

por Marie Brandle

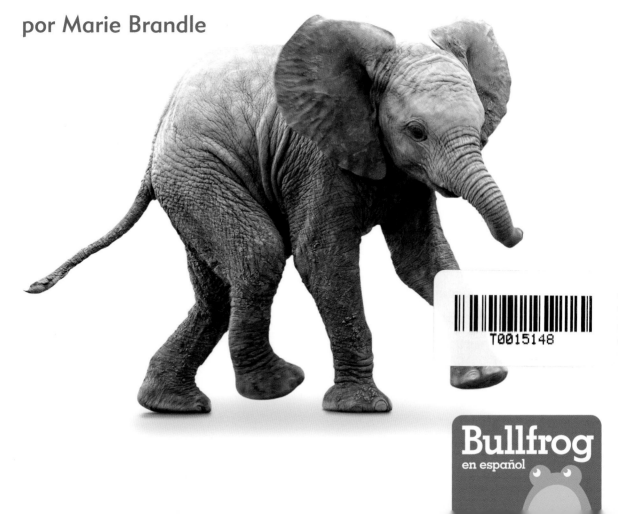

T0015148

Bullfrog
en español

Ideas para padres y maestros

Bullfrog Books permite a los niños practicar la lectura de textos informativos desde el nivel principiante. Las repeticiones, palabras conocidas y descripciones en las imágenes ayudan a los lectores principiantes.

Antes de leer
- Hablen acerca de las fotografías. ¿Qué representan para ellos?
- Consulten juntos el glosario de las fotografías. Lean las palabras y hablen de ellas.

Durante la lectura
- Hojeen el libro y observen las fotografías. Deje que el niño haga preguntas. Muestre las descripciones en las imágenes.
- Léale el libro al niño o deje que él o ella lo lea independientemente.

Después de leer
- Anime al niño para que piense más. Pregúntele: Las crías de elefante aprenden cómo usar sus trompas. ¿Para qué usan sus trompas?

Bullfrog Books are published by Jump!
5357 Penn Avenue South
Minneapolis, MN 55419
www.jumplibrary.com

Library of Congress Cataloging-in-Publication Data

Names: Brandle, Marie, 1989– author.
Title: Crías de elefante en la naturaleza / por Marie Brandle.
Other titles: Elephant calves in the wild. Spanish
Description: Minneapolis, MN: Jump!, Inc., [2023]
Series: ¡animales bebés en la naturaleza!
Includes Index | Audience: Ages 5–8
Identifiers: LCCN 2022033603 (print)
LCCN 2022033604 (ebook)
ISBN 9798885242240 (hardcover)
ISBN 9798885242257 (paperback)
ISBN 9798885242264 (ebook)
Subjects: LCSH: Elephants—Infancy—Juvenile literature.
Classification: LCC QL737.P98 B73518 2023 (print)
LCC QL737.P98 (ebook)
DDC 599.67—dc23/eng/20220726

Editor: Eliza Leahy
Designer: Molly Ballanger
Translator: Annette Granat

Photo Credits: Michael Potter11/Shutterstock, cover; Wirestock Creators/Shutterstock, 1; Grobler du Preez/Shutterstock, 3; Steve Adams/iStock, 4, 23tm; Sekar B/Shutterstock, 5; Shutterstock, 6; Graeme Shannon/Shutterstock, 6–7; Duncan Noakes/Dreamstime, 8; Calv6304/Dreamstime, 9, 23tl; Hedrus/Shutterstock, 10–11, 23br; YolandaVanNiekerk/iStock, 12–13, 23bl; Frank Lane Picture Agency/SuperStock, 14–15; kavram/Shutterstock, 16–17, 23tr; Eric Isselee/Shutterstock, 18 (lion); banjongseal956/Shutterstock, 18 (grass); John Michael Vosloo/Shutterstock, 19; Bkamprath/iStock, 20–21; Anton Herrington/Shutterstock, 22; Maciej Czekajewski/Shutterstock, 23bm; bucky_za/iStock, 24.

Printed in the United States of America at Corporate Graphics in North Mankato, Minnesota.

Tabla de contenido

Orejas grandes 4

Las partes de una cría de elefante 22

Glosario de fotografías 23

Índice 24

Para aprender más 24

Este bebé acaba de nacer.

¡Es una cría de elefante!

Ella se queda al lado de mamá.

Ella bebe la leche de mamá.

¡Bebe tres galones (11 litros) cada día!

galón de leche

oreja

Sus orejas son grandes.

Su piel es gris.
Esta tiene arrugas.

arruga

trompa

La cría aprende de mamá.

Ella aprende cómo usar
su trompa.

La trompa chupa el agua.

¡La cría bebe!

La trompa rocía el agua.

¡La cría toma un baño!

hojas

La trompa recoge
las hojas.

Esta trae las hojas a
la boca de la cría.

¡La cría come!

La cría vive en
una manada.

La manada vive
en la savana.

manada

¡Cuidado!

Un león caza.

La manada protege a la cría.

La cría está a salvo.

Ella crecerá como parte de la manada.

21

Las partes de una cría de elefante

¿Cuáles son las partes de una cría de elefante?
¡Échales un vistazo!

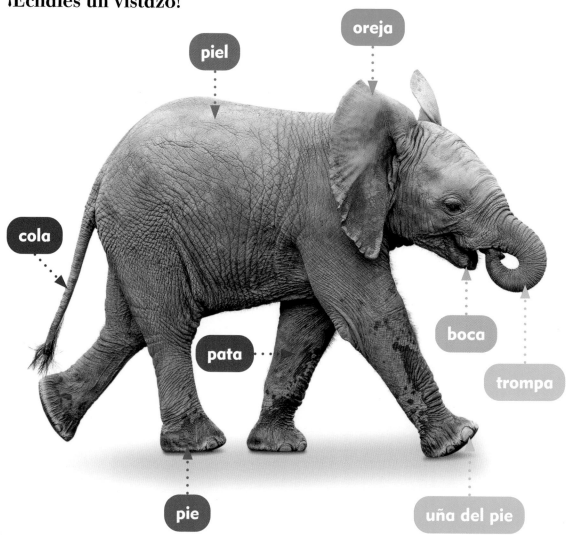

piel

oreja

cola

boca

trompa

pata

pie

uña del pie

Glosario de fotografías

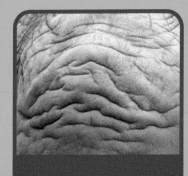

arrugas
Líneas en la piel.

cría
Un elefante joven.

manada
Un grupo de
animales que
se quedan o se
mueven juntos.

rocía
Esparce líquido.

savana
Una llanura plana
cubierta de pasto
con pocos árboles
o ninguno.

trompa
La larga nariz
de un elefante.

23

Índice

agua 11, 12

bebe 4, 6, 11

boca 15

come 15

león 18

mamá 5, 6, 11

manada 16, 19, 21

orejas 8

piel 9

rocía 12

savana 16

trompa 11, 12, 15

Para aprender más

Aprender más es tan fácil como contar de 1 a 3.

❶ Visita www.factsurfer.com

❷ Escribe "críasdeelefante" en la caja de búsqueda.

❸ Elige tu libro para ver una lista de sitios web.